UNE

COLLABORATION

COMÉDIE

Représentée pour la première fois, à Paris, sur le théâtre national
de l'Odéon, le dimanche 15 janvier 1888
à l'occasion du 266ᵉ anniversaire de la naissance de Molière.

DU MÊME AUTEUR

Brune et blonde, comédie en un acte, en prose.

Avec le feu, comédie en un acte, en prose.

La maison de Petit-Couronne, poëme.

IMPRIMERIE GÉNÉRALE DE CHATILLON-SUR-SEINE. — A. PICHAT.

ALBERT LAMBERT

UNE

COLLABORATION

COMÉDIE
EN UN ACTE, EN VERS

PARIS

PAUL OLLENDORFF, EDITEUR

28 *bis*, RUE DE RICHELIEU, 28 *bis*,

1888

Droits de reproduction, de traduction et de représentation réservés.

PERSONNAGES

MOLIÈRE, 49 ans................	MM.	REBEL.
PIERRE CORNEILLE, 65 ans......		ALBERT LAMBERT.
ARMANDE (Mlle MOLIÈRE) 26 ans.	Mlle	NANCY MARTEL.
MICHEL BOYRON DIT BARON, 18 ans	Mlle	A. LETURC.
PREMIER VALET	MM.	DALIER.
DEUXIÈME VALET		LALANNE.

———

Pour la mise en scène détaillée, s'adresser à M. FOUCAULT, régisseur général du théâtre national de l'Odéon.

UNE

COLLABORATION

La scène se passe chez Molière... 1671, dans une pièce attenant à
son cabinet de travail. — Ameublement somptueux et sévère du
XVIIe siècle.

—

SCÈNE PREMIÈRE

Au lever du rideau, ARMANDE et BARON répètent. Le manuscrit est au milieu d'eux sur la table. Armande est assise, Baron
debout.

BARON, répétant.

* « Mais d'où vient qu'un triste nuage
« Semble offusquer l'éclat de vos beaux yeux?
« Vous manque-t-il... Vous manque-t-il...

* Psyché, tragédie-ballet de Pierre Corneille et Molière. Acte IV,
scène III.

ARMANDE.

C'est la mémoire qui vous manque.

BARON.

Dieu merci !
Je ne suis pas le seul. Elle vous manque aussi.

ARMANDE.

Par exemple ! Je sais à la lettre mon rôle.

BARON, prenant le manuscrit.

Voyons donc...

ARMANDE, lui retirant le manuscrit.

Je n'ai pas besoin de ce contrôle.

BARON.

Je sais mal, j'en conviens. — Pas du tout ! s'il vous plaît,
Mais comment travailler sur un rôle incomplet ?
Notre chef a cru faire une belle merveille
En donnant ce travail à monsieur de Corneille,
Qui, sur le plan tracé, compose à travers champs,
Fait les actes derniers d'un coup, puis perd du temps,
Et ne peut aborder la scène capitale,
Le grand duo d'amour ; la chose était fatale,
Comment ce grave et dur auteur, sur son retour,
Pourrait-il murmurer le langage d'amour ?

ARMANDE.

Patience !

BARON, insinuant.

A moins que votre charme l'inspire.

ARMANDE, piquée.

Hein ?

BARON.

Tout le monde voit que pour vous il soupire.

ARMANDE, nerveuse.

Ah ! voilà donc à quoi vous perdez votre temps !
A répandre sur moi ces soupçons insultants.
Qui fait courir ces bruits ? répondez, je vous prie.

Baron proteste du geste.

Vos... coquines d'amour : la Beauval, la... de Brie ;
A dix-huit ans ! donner dans ces vieilles beautés
Qui viennent vous offrir leurs appas frelatés...

Elle prend le manuscrit.

Ah... tenez !... répétez... car je vous...

BARON.

Où reprendre ?

ARMANDE, dépitée, soufflant.

* « Je vois de votre teint...

BARON, répétant.

« Je vois de votre teint les roses amorties
      » Marquer un déplaisir secret.

ARMANDE, s'exclamant.

A des attraits fanés se laisser ainsi prendre !

BARON, continuant avec expression.

** « Marquer un déplaisir secret.
   « Que vous soupirez de regret

ARMANDE, étourdiment.

Moi, soupirer pour vous !

* Psyché, acte IV, scène III.
** Psyché, acte IV, scène III.

BARON, interloqué.

C'est dans mon rôle.

ARMANDE.

Ah!... Bien !

Mais cette inflexion, vous savez, ne vaut rien.

BARON.

Après tout, je puis bien, madame, aimer qui m'aime.

ARMANDE.

Répétons...

BARON, très ému.

* « Ah ! Psyché, de deux cœurs quand l'amour est extrême,
» Ont-ils des soupirs différents ? »

ARMANDE.

Laquelle aimez-vous mieux, la plus vieille, est-ce pas ?
La... de Brie.

BARON.

Eh ! madame, à quoi bon ce tracas ?

D'un ton pénétrant.

A m'imputer cela, rien ne vous autorise...
Celle que j'aime... hélas... me hait et me méprise.

ARMANDE, coquettement.

Et quelle est celle-là ?

BARON.

Répétons, ça vaut mieux :
Je sais que je lui suis importun, odieux.

ARMANDE, répétant avec rouerie.

** « Dans un cœur tout à vous que vous pénétréz mal,

* Psyché, act. IV. scène III.
** Psyché, act. IV, scène III.

» *Je vous aime*, seigneur, et votre amour s'irrite
» De l'indigne soupçon que vous avez formé.

BARON, éperdu.

Serait-il vrai, madame... oh! pour cette parole !

ARMANDE, froidement.

Eh bien, que vous prend-il, je répète mon rôle.

BARON.

Ah !... je me suis mépris à votre accent.

ARMANDE.

Merci,
Car c'est un compliment pour mon talent, ceci.

Marmotant.
* « De l'indigne soupçon que vous avez formé,
« De l'indigne soupçon que vous avez formé,

BARON.

Cruelle !

ARMANDE, le regardant profondément.

« Vous ne connaissez point quel est votre mérite,
« Si vous craignez de n'être point aimé.

BARON.

O pièce atroce ! Est-il dans la nature
Un supplice pareil au mal qui me torture ?
Chaque mot est un trait qui m'atteint en plein cœur.

ARMANDE.

Ces dames panseront la plaie, ô beau vainqueur !

BARON.

Je quitterai plutôt mon chef, la compagnie,
Que jouer avec vous semblable comédie.

* Psyché, acte IV, scène III.

SCÈNE II

LES MÊMES; MOLIÈRE.

Molière, entre sur les derniers mots et va prendre Baron par l'o-
reille.

Eh bien ! que dis-tu là, maître maraud ?

BARON, interloqué.

Je dis...

ARMANDE.

Il tient comme toujours ses propos étourdis.

BARON.

Non, maître, à mon refus ne voyez pas d'injure,
Mais je ne puis jouer ce rôle, je vous jure.

MOLIÈRE.

Et pourquoi ?

A Armande.

Vous l'aurez encor découragé.

ARMANDE.

Je vais porter les torts de votre protégé
A présent !...

MOLIÈRE.

Je sais bien que vous ne l'aimez guère.

ARMANDE.

Qui, moi ?

MOLIÈRE.

C'est entre vous une éternelle guerre.

ARMANDE, à Baron.

Vous ai-je dit un mot... parlez, monsieur, parlez...
A Molière.
C'est lui qui fait le mal et vous me querellez.

BARON.

Non... la faute est à moi, je suis le seul coupable ;
Cherchez un autre acteur plus apte, plus capable.

MOLIÈRE.

Raillez-vous ? Qu'a-t-il donc ce rôle ?

ARMANDE.

                              Il n'est pas su,
Mais monsieur... quoi qu'il fasse, est toujours bien reçu.

MOLIÈRE.

Oh ! je n'ai pas loisir d'écouter vos sornettes !

ARMANDE.

Eh bien, voilà-t-il pas encor vos mots honnêtes,
C'est toujours contre moi que vous les débitez...

MOLIÈRE.

Comprenez à quel point mes nerfs sont irrités :
Depuis que pour jouer *Psyché* la date est prise,
C'est à qui pourra faire échouer l'entreprise,
Tous à contrecarrer mes projets se sont mis :
Mes collaborateurs, ma femme, mes amis.
Corneille est amoureux et soupire... à la lune,
De quatre médecins Quinault fait la fortune,
Lulli — qui sait combien son concours m'est urgent —
Pour payer ses plaisirs, m'emprunte de l'argent,
Les peintres paresseux boivent comme des drôles,
Et mes comédiens n'apprennent pas leurs rôles !

BARON.

Mais nos rôles enfin ne sont pas terminés
Et d'hier seulement on nous les a donnés.
La scène principale est à faire... au « *troisième.* »
Pourquoi n'avez-vous pas tout composé vous-même?
Vous... vous l'auriez trouvée et faite en moins d'un jour,

Regardant Armande.

Le vieux Corneille est-il d'âge à parler d'amour?

MOLIÈRE.

Il est d'âge à pouvoir, monsieur le bon apôtre,
Imposer le respect aux insolents du vôtre,
A se faire par tous saluer et très bas.

Baron baisse le nez.

Apprenez votre rôle et ne répliquez pas.

ARMANDE.

C'est fort bien fait.

MOLIÈRE.

Et pour vous, ma femme, ma mie...

ARMANDE.

Vous donnerez mon rôle à la belle de Brie,
Cela fera plaisir à vous comme à monsieur...
Et son rôle, je crois, lui paraîtra meilleur.

MOLIÈRE.

Que dites-vous?

ARMANDE.

Jamais vous n'êtes en colère
Contre elle, et je comprends fort bien... elle sait plaire,
Beaucoup... à beaucoup.

MOLIÈRE.

     Ah!... n'est-ce donc point fini?
Mais vous m'assassinez...

Un valet entre.

LE VALET, à Molière.

    Monsieur Vigarani...

MOLIÈRE,

Bon! le décorateur! Qu'il m'attende au théâtre!
  A sa femme.
Cessez de vous montrer d'humeur acariâtre;
Voyez donc où j'en suis! Tout m'accable à la fois :
Machinistes, tailleurs et danseurs aux abois;
A toujours inventer ma pauvre tête est lasse,
Et cependant il faut qu'encor je me surpasse.

ARMANDE.

Alors je dois toujours supporter votre ennui.

Un deuxième valet entre.

MOLIÈRE.

Qu'est-ce?

DEUXIÈME VALET.

   Monsieur Lulli vous attendra chez lui,
Pour vous faire écouter son premier acte.

MOLIÈRE.

        Peste!
Le premier seulement. Il se moque!... Et le reste?
Sait-il bien que pour tout nous n'avons que dix jours,
Que j'ai promis au Roy?...

LE VALET.
   Viendrez-vous?

MOLIÈRE.

Oui, j'y cours.

Le valet sort.

O mes comédiens ! on m'a vu vous maudire,
Mais des musiciens que ne pourrais-je dire ?
O race accapareuse, encombrante... et d'abord
Sur leur accord parfait en parfait désaccord ;
Pour deux ou trois fredons qu'ils croient qu'on idolâtre,
Il faut leur octroyer les deux tiers du théâtre.
Eh ! qu'ils sont précieux, pointilleux, vaniteux !
Mais au reste ils se sont très bien jugés entr'eux,
Car c'est par le bâton qu'il faut qu'on les conduise.
Ah ! ne disputons plus... puisqu'en vain je m'épuise...
Au travail, mes amis, et cessons tout courroux,
Je ne veux plus avoir à m'occuper de vous.

BARON.

Et quand aurons-nous donc la scène du troisième ?

MOLIÈRE.

Corneille me la doit porter aujourd'hui même.
Je pars.

A Armande.

De mon absence il sera très heureux...

ARMANDE.

Pourquoi ?

MOLIÈRE, raillant.

De vous, dit-on, Corneille est amoureux.

ARMANDE, fâchée.

Vous acceptez d'un cœur débonnaire et crédule
Ce propos malveillant qui me rend ridicule.

MOLIÈRE.

Je ris, ma chère enfant...

ARMANDE.

Je sais d'où cela vient,
C'est monsieur qui de ces brocards vous entretient.

BARON.

Maître, défendez-moi.

MOLIÈRE.

J'affirme...

ARMANDE.

Et moi j'atteste
Que je ne jouerai pas ce rôle...

Elle veut sortir. Molière la retient par la main.

MOLIÈRE.

Malepeste !
Vous jouerez... S'il le faut... je vous attacherai.

BARON.

Puisque je vous déplais tant, c'est moi qui partirai.

Fausse sortie.

MOLIÈRE, fermant la porte.

A l'autre maintenant ! Que le diable m'emporte !
Venez çà tous les deux ! Je défends que l'on sorte.

ARMANDE, suffoquant.

Vit-on jamais mari plus bourru, plus brutal ?...

MOLIÈRE,

La femme est... l'ai-je dit !!! un étrange animal !

SCÈNE III

LES MÊMES, PIERRE CORNEILLE, ARMANDE, salue,
MOLIÈRE va lui presser la main, BARON boude.

CORNEILLE.

Hé! mais j'arrive mal, je crois, on se querelle.

.MOLIÈRE, amenant Corneille en scène.

Venez! Vous m'aiderez à vaincre une cruelle
Dont le caprice vain ruine tout projet...

CORNEILLE, à Molière.

Vous avez tort...

MOLIÈRE.

Comment? Savez-vous le sujet?...

CORNEILLE.

Vous avez tort.

MOLIÈRE.

Mais quoi... pour un propos futile,
Se mettre en un courroux... Tenez...

CORNEILLE.

C'est inutile,
Vous avez tort.

MOLIÈRE.

Morbleu, parlez-vous pour de bon?

CORNEILLE.

Certes, inclinez-vous et demandez pardon.
La femme a tous les droits puisqu'elle est souveraine :

Reine par la beauté, par le charme encor reine ;
Chérissez tous les maux auprès d'elle soufferts :
C'est trop d'heur, croyez-moi, que de porter ses fers.

MOLIÈRE.

J'enrage... Et si la femme en sa tête frivole...

CORNEILLE.

Suivez le papillon où son désir s'envole.

MOLIÈRE.

Et si ce papillon vous joue un vilain tour ?

CORNEILLE.

C'est une belle mort que de mourir d'amour.

MOLIÈRE.

Serviteur... Mais causons pour de bon, je vous prie...

CORNEILLE.

Oh ! vous n'arrêterez pas ma galanterie.
Vous m'avez mis en tête un sujet amoureux ;
Mon sang brûle et circule ardent, jeune, fiévreux,
Comme Ovide autrefois, j'ai pris en mon délire
Tous les oiseaux du ciel aux cordes de ma lyre,
Je les ai réchauffés de mon souffle vainqueur...
Et je sens tous leurs nids palpiter dans mon cœur.

MOLIÈRE.

Je respire. En français la grande scène est prête.

CORNEILLE.

Je l'ai là.

MOLIÈRE.

Bien... lisons.

CORNEILLE.

Je l'ai là... dans ma tête.
La transcrire n'est rien, c'est la vivre qu'il faut.

MOLIÈRE, en s'en allant.

Eh bien donc, au travail, et faites au plus tôt.

CORNEILLE, le ramenant en face d'Armande.

Et vous partez ainsi sans lui demander grâce,
Voilà les damerets d'aujourd'hui. Triste race!
Les hommes de mon temps savaient aimer du moins.
O le beau temps d'amour, de respect et de soins!
La beauté nous trouvait prêts à mourir sans cesse,
Sur un signe, à ses pieds, par simple politesse.

ARMANDE.

Les temps sont bien changés.

MOLIÈRE.

Je suis sur des charbons.

CORNEILLE, continuant.

Et nous sommes encor joyeux, nous, les barbons!
Tout un siècle a frémi de mes scènes hardies;
Et malgré mes fureurs, mes sombres tragédies,
Mon cœur est resté jeune et gai, toujours galant.
Vous, vous avez versé le rire étincelant
Dans plus d'une immortelle et profonde satire,
Et vous avez perdu la gaîté du sourire :
C'est vous l'auteur comique et votre âme s'aigrit,
C'est moi le noir poète et voyez, mon cœur rit.

MOLIÈRE.

La chose se pourrait expliquer sans mystère :
Vous planiez dans le ciel, je regardais la terre,
Et j'ai pu contempler dans ce monde imparfait,
De combien de douleurs le rire humain est fait.

A Armande.

Allons, faisons la paix et cessez mon martyre...

ARMANDE, lui tendant la main.

Allez! ne péchez plus, grondeur.

MOLIÈRE.

Je me retire

Désignant Corneille.

Et livre à vos attraits ce terrible amoureux.
Soyez impitoyable.

A part.

Il n'est plus dangereux.

BARON.

Ne vous suivrai-je pas, maître?

MOLIÈRE.

C'est inutile.

A part, s'en allant.

Un trop jeune, un trop vieux, je puis être tranquille.

Il sort.

SCÈNE IV

CORNEILLE, ARMANDE, BARON.

ARMANDE, à Baron.

Pourquoi voulez-vous donc partir monsieur?

BARON.

Pour rien..

La peur de déranger un trop doux entretien.

CORNEILLE.

Mais on croirait ouïr un jaloux, Dieu m'assiste!
Il est plus jeune encore, il est encore plus triste.
Vos ravissants attraits ont-ils su le charmer?

BARON, à part, avec colère.

Il me raille...

ARMANDE.

Eh ! sait-il ce que c'est que d'aimer ?

BARON, avec colère.

C'est surtout en amour...

ARMANDE.

Quoi ?

BARON.

Qu'aux âmes bien nées
La valeur n'attend pas le nombre des années.

CORNEILLE.

Que dit-il ?

ARMANDE, sévèrement.

Qu'il s'en va... Je l'ordonne. — Sortez.

BARON.

Je vais vous laisser seuls... comme vous souhaitez.

ARMANDE, dépitée.

Allez la retrouver.

BARON.

Adieu !

Il sort.

SCÈNE V

ARMANDE, CORNEILLE.

ARMANDE, après un silence.

Nous... à l'étude,

Travaillons.

CORNEILLE, soupirant.

Ai-je en l'âme assez de quiétude
Pour causer avec vous de théâtre ?

ARMANDE.

Et pourtant
Du présent entretien, c'est le point important.

CORNEILLE.

Puisque vous l'ordonnez...

ARMANDE.

Oh ! sans nulle contrainte...

CORNEILLE, empressé.

Ordonnez ! Etre esclave ici n'est point ma crainte.

ARMANDE.

Je sais que vous tournez fort bien les madrigaux,
Les gens de votre temps sont restés sans égaux
Dans cet art. Mais il faut songer à notre scène.
Vous avez fait le reste et très vite et sans peine,
Pourquoi réservez-vous ces beaux couplets d'amour
Et les retardez-vous ainsi de jour en jour ?
Hâtez-vous ! car des gens, la malice trop noire
Dit que vous ne pourrez sortir à votre gloire
De ce trait gracieux, de ce divin projet ;
Vous croyant la main lourde à traiter ce sujet.

CORNEILLE.

Il sera trop aisé de prouver le contraire ;
Mais ma plume s'arrête au moment de le faire.
Pourquoi ?... J'y rêve un charme ineffable et divin
Qui m'apparaît et que je veux fixer en vain,
Tout ce que je ressens et que je ne puis dire,
Toute une floraison d'ivresse et de délire
Qui soit digne en un mot du Dieu maître des Dieux ;
Et je veux la trouver cette scène... en vos yeux.

ARMANDE.

Eh bien, ils sont à vous ces yeux, puisez-y vite.

CORNEILLE.

Non, il faut bien plutôt que mon cœur les évite.

ARMANDE.

Pourquoi ? Les croyez-vous pour vous si dangereux
Et craignez-vous encore d'en tomber amoureux ?

CORNEILLE.

Et quand cela serait ! Je sais bien qu'à mon âge
Il doit m'être interdit de tenir ce langage.
Mais ne savez-vous point le pouvoir de ces yeux?
Ne vous livre-t-il pas tous cœurs jeunes et vieux
Depuis que mon Destin a rapproché ma vie
De la vôtre et qu'un même intérêt nous convie
A mêler nos pensers, nos désirs, nos esprits ?
A vos divins attraits mon pauvre cœur s'est pris,
J'ai senti tressaillir sous des traits invisibles
Tous les feux endormis dans ses cendres paisibles.
* « Moi qui me figurais que ma caducité
» Près de la beauté même était en sûreté,
» J'étais venu sans crainte en affronter l'ivresse,

* Pulchérie, comédie héroïque de P. Corneille, acte II, scène I.

*» Fier de mes cheveux blancs et fort de ma vieillesse ;
» Et quand je ne songeais qu'à remplir mon devoir,
» Je devenais amant sans m'en apercevoir. »

ARMANDE.

Eh mais ! discourez-vous pour de bon, je vous prie ?
Ce n'est point madrigal d'antan, galanterie,
Et si je comprends bien, vous me parlez d'amour.

CORNEILLE.

Hélas ! et sans espoir pour moi d'aucun retour !
** « L'amour chez mes pareils n'est jamais excusable,
» Pour peu qu'on s'examine on s'en tient méprisable,
» On s'en hait, et ce mal qu'on n'ose découvrir,
» Fait encor plus de peine à cacher qu'à souffrir.
» J'aime et depuis longtemps ma flamme et mon silence
» Font à mon triste cœur égale violence,
» J'écoute la raison, j'en goûte les avis,
» Et les mieux écoutés sont les plus mal suivis.
» Cent fois en moins d'un jour je guéris et retombe,
» Cent fois je me révolte et cent fois je succombe
» Tant ce calme forcé que j'étudie en vain
» Près d'un si rare objet s'évanouit soudain. »

ARMANDE.

Je ne sais trop vraiment si je rêve ou je veille.
C'est vous qui me parlez ainsi, monsieur Corneille ?
C'est le trait le plus noir du seigneur Cupidon
D'avoir changé le vieil Horace en Céladon :
C'est une raillerie ou c'est une gageure.

CORNEILLE.

Mon amour à ce point vous ferait-il injure ?
J'espérais qu'à défaut d'un vulgaire bonheur
Il était d'un mérite à pouvoir faire honneur.

* Vers de Pulchérie.
** Vers de Pulchérie.

ARMANDE, riant.

N'est-il pas fort plaisant que l'amant de Chimène
Joue avec l'éventail léger de Célimène,
Et qu'oubliant ainsi son passé glorieux,
Il vienne étourdiment rêver pour mes beaux yeux ?
Mais parlons tout de bon, songez-vous, sur mon âme,
A quelle femme ici vous offrez votre flamme ?

CORNEILLE.

Certes l'adolescent galant qui sort d'ici
Et que vous n'avez pas vu partir sans souci,
Est mieux fait pour remplir votre cœur de clémence —
S'il osait vous aimer — que ma triste démence !...
Nous aimons bien pourtant malgré nos cheveux gris,
Des derniers feux d'amour nous connaissons le prix
Et la femme est pour nous la déesse, l'idole !
Quand pour les jeunes gens elle est jouet frivole.
Et souvent on les voit dans leurs feux inconstants
Se railler des bontés qu'on a pour leurs vingt ans
Avec quelque rivale...

ARMANDE, à part.

Oh ! servir de risée !
Etre haïe encor passe... mais méprisée !...
Sans doute, il est près d'elle.

CORNEILLE.

Ah ! ce cœur !...

ARMANDE, nerveuse.

Arrêtez !
De si hauts sentiments ne sont pas mérités.
C'est faire trop d'honneur à votre humble servante,
Et votre « Illusion » serait trop décevante ;
En vain, elle sait plaire, inspirer et charmer,
Elle n'est pas du temps où l'on savait aimer.

Songez qu'à mon berceau ma précoce mémoire
S'ornait des vers fameux qui firent votre gloire,
Et que j'ai bégayé votre nom triomphant,
Votre nom immortel avec ma voix d'enfant,
Que j'ai trop admiré l'auteur du Cid, en somme,
Pour oser quelque jour ne voir en lui qu'un homme,
Ce serait l'abaisser par trop, en vérité,
Et l'on m'en blâmerait dans la postérité ;
Célimène ne peut aimer quand elle admire,
Cherchez pour votre cœur un plus digne martyre,
C'est Psyché seulement qui doit aimer un Dieu ;
Pour moi, je me dérobe à cet honneur... adieu ! —

Elle sort.

SCÈNE VI

CORNEILLE, seul.

Se peut-il qu'à ce point on puisse me confondre ?
Et mon cœur atterré n'a point osé répondre !
Avec quelle insolence et quelle cruauté,
Du sommet de mon rêve elle m'a rejeté,
Me souffleter ainsi de l'oubli de mon âge,
Voir dans mon pur amour un ridicule hommage,
Et mépriser ainsi sans remords, sans émoi,
Le sentiment profond d'un homme tel que moi !
Je ne la verrai plus, mais devant que je parte,

Il s'assied et écrit pendant les derniers vers.

Je veux lui décocher cette flèche du Parthe.
Ah ! vous raillez mon Dieu, belle, d'un ton narquois,
Mais je tire pour vous ce trait de son carquois.

Il écrit fiévreusement.

SCÈNE VII

CORNEILLE, MOLIÈRE, rentrant.

MOLIÈRE.

Vous travaillez encor!... Votre plume s'escrime,
Avec une vigueur qui doit plier la rime,
Cette scène, on l'attend, ami, de toutes parts.

CORNEILLE, affolé.

Plus de scène, plus rien, je m'exile, je pars!

MOLIÈRE.

Hein! Que dites-vous là, lorsque le temps rapide...

CORNEILLE, sans regarder Molière.

On disait vrai, c'est une ingrate, une perfide.

MOLIÈRE.

Qui?

CORNEILLE.

La femme est un monstre effroyable et cruel,
Le plus grand châtiment dont nous frappe le ciel.

MOLIÈRE.

Si je comprends un mot, que le diable m'emporte!

CORNEILLE.

Je ne franchirai plus le seuil de cette porte.

MOLIÈRE.

Et notre scène, holà! Je ne vous quitte pas...
Où voulez-vous courir?

CORNEILLE.

Où je vais?... Au trépas!

MOLIÈRE.

Diantre ! Mais d'où vous vient pareille frénésie?

CORNEILLE, dans les bras de Molière.

Elle était mon rayon, ma fleur, ma poésie.

MOLIÈRE.

Mais qui donc, têtebleu?

CORNEILLE.

Raillé comme un barbon.

MOLIÈRE.

Ah! ça mais, rêve-t-il, est-il fou pour de bon?

CORNEILLE.

* « J'aimais quand j'étais jeune et ne déplaisais guère,
» Quelquefois de soi-même on cherchait à me plaire.
» Que n'ai-je vu le jour quelques lustres plus tard,
» Peut-être à son amour je pouvais avoir part. »

MOLIÈRE.

Part à l'amour de qui? Serait-ce de ma femme?

CORNEILLE.

Elle m'a méprisé d'une façon infâme.

MOLIÈRE.

Ah! fort bien! je comprends! — Voilà qui va des mieux.

CORNEILLE, agité.

Trouvez-vous pas ce trait effroyable, odieux?

MOLIÈRE.

Moi ! ! !

* Vers de Pulchérie.

Souriant à part.

Je connais la scène, elle m'est familière.
Le Dépit...

CORNEILLE.

Ma Psyché!

MOLIÈRE, à part.

Parfait! Pauvre Molière!

A Corneille qui marche à grands pas, le suivant.
Calmez-vous.

CORNEILLE.

Laissez-moi.

MOLIÈRE.

Comprenez.

CORNEILLE.

Laissez-moi.

MOLIÈRE, à part.

Le valet rebuté, c'est toujours mon emploi.

CORNEILLE.

Me traiter!

MOLIÈRE.

C'est affreux.

CORNEILLE, lui donnant la lettre.

Mais voici ma vengeance.
Remettez-lui ceci.

MOLIÈRE, à part.

Merci de l'obligeance!

CORNEILLE.

Et dites-lui surtout que mon cœur irrité
La traîne au pilori de la postérité.

MOLIÈRE.

C'est trop fort !

CORNEILLE.

Croyez-vous que son cœur en frémisse ?

MOLIÈRE.

Sans nul doute.

A part.

Il faut bien répondre à son caprice.

(Haut.)
Mais vous adoucirez un pareil châtiment
* Et l'on sait ce que c'est qu'un courroux d'un amant.

CORNEILLE.

Non... elle n'aura plus de part à ma tendresse.

MOLIÈRE.

Et si je ramenais plus douce, la traîtresse ?

CORNEILLE.

Mais quel droit auriez-vous sur son cœur attendri ?

MOLIÈRE.

Un droit minime en soi : le droit de son mari.

CORNEILLE, sursautant et regardant Molière.

Son mari ! ! ! Mais c'est vrai ! C'est à vous... ô démence !
C'est à vous que je fais pareille confidence !
Ah ! c'est le dernier coup ! Laissez-moi de ce pas
Cacher mon crime affreux dans l'oubli du trépas.
Vengez-vous d'un perfide et sans autres alarmes...

MOLIÈRE, lui barrant le chemin.

Certe ! Étant l'offensé, j'ai droit au choix des armes

* Misanthrope, acte IV, scène II.

Prenant la plume.

Et je mets celle-ci, mon maître, en votre main,
Certain qu'elle écrira ma scène avant demain.

CORNEILLE.

Quoi, vous pouvez songer?

MOLIÈRE.

Je songe à mon théâtre.

CORNEILLE.

Vous ne vous vengez point de ce sot idolâtre...
De ce crime...

MOLIÈRE.

Quel crime ?

CORNEILLE.

Enfin... d'avoir rêvé...

MOLIÈRE.

D'aimer ma femme?... Hélas ! ça m'est bien arrivé.

CORNEILLE.

Et vous bornerez là toute votre colère ?

MOLIÈRE, lui serrant la main.

Je vous sais si bon gré d'avoir su lui déplaire.

CORNEILLE.

Ah ! vous me réveillez avec ce mot... Merci !
Mais quel trouble ignoré m'avait pu rendre ainsi?
La raison rentre enfin dans ma tête plus saine.

MOLIÈRE.

Profitons-en ! Ma scène alors, il faut ma scène !

CORNEILLE.

Vous l'aurez aujourd'hui... Je pars.

MOLIÈRE.

Et prompt retour.

CORNEILLE, revenant.

Et tenez ! Je la tiens cette scène d'amour.
Ah ! mes soixante hivers ; on vous croit incapables
D'exprimer du printemps les accents ineffables :
Mais tout renaît en moi comme aux jours de bonheur,
La scène sera faite...

MOLIÈRE.

Aujourd'hui !

CORNEILLE.

Sur l'honneur !

Il sort.

SCÈNE VIII

MOLIÈRE, puis ARMANDE.

Mais c'est donc une loi de cette triste vie
Qu'il faille nous donner à tous la comédie ?

Armande rentre.

A la belle à présent. Voyons son embarras.

A Armande.

Eh bien, vous m'avez mis, ma chère, en de beaux draps !
Corneille sort d'ici dans une humeur étrange
En jurant que de vous il faudra qu'il se venge.

ARMANDE.

Ce doit être un avis pour messieurs les auteurs
De choisir un peu mieux leurs collaborateurs.

MOLIÈRE.

Qu'a-t-il fait ?

ARMANDE.

Eh ! qu'importe ? Il part, j'en suis ravie.

MOLIÈRE.

Il ne nous reverra, m'a-t-il dit, de sa vie.

ARMANDE.

Ah ! mon deuil en est fait.

MOLIÈRE.

Et vous avez grand tort.

ARMANDE.

Quoi ! vous prenez parti pour lui, vous ! C'est trop fort !
Savez-vous qu'il osa me déclarer sa flamme !
Quelle audace ! — A son âge !

MOLIÈRE.

Ah !...

ARMANDE.

N'est-ce point infâme ?

MOLIÈRE.

Que non pas ! C'est le fait d'un vieillard bien portant
A son âge ! Combien en voudraient faire autant.

ARMANDE.

Oui... vous raillez, vous ! mais moi, sans nulle clémence,
J'ai vite rafraîchi son esprit en démence.

MOLIÈRE, doux et grave.

Et vous avez mal fait ! N'avez-vous pas compris
D'un hommage pareil le haut et digne prix ?
Avez-vous pu penser que cet époux fidèle,

Cet homme plein d'honneur et ce père modèle
Vienne achever sa route et son noble destin
En mettant à vos pieds un vieillard libertin ?
N'avez-vous pas conçu que vous étiez le rêve,
La vague Déité que son génie élève,
Et que dans cet amour voguant en plein azur
Il ne glissait rien d'équivoque ou d'impur ?
Que votre charme aidait sa Muse glorieuse...
Ah ! vous auriez compris, étant plus orgueilleuse,
Quel prix pouvait avoir ce prestige vainqueur
Qui lui rendait d'un coup les vingt ans de son cœur.

ARMANDE.

C'est bien subtil pour moi. — Mais sa flamme éthérée
En courroux, dites-vous, s'est bientôt déclarée ?
Voilà pour l'idéal un trait bien maladroit.

MOLIÈRE.

C'est que l'humanité reprend toujours son droit.
Mais voyez ! Vous toujours si prompte à la satire,
Le bouquet à Chloris que cela vous attire.

Il lui remet la lettre de Corneille.

SCÈNE IX

BARON, entre doucement, **MOLIÈRE, ARMANDE.**

ARMANDE, lisant.

** à Marquise, si mon visage*
A quelques traits un peu vieux,
Souvenez-vous qu'à mon âge
Vous ne vaudrez guère mieux.

* Stances à la marquise. (Poésies diverses de P. Corneille.)

» *Le temps aux plus belles choses*
Se plait à faire un affront,
Il saura faner vos roses
Comme il a ridé mon front.

» *Le même cours des planètes*
Règle nos jours et nos nuits :
On m'a vu ce que vous êtes;
Vous serez ce que je suis.

» *Cependant j'ai quelques charmes*
Qui sont assez éclatans
Pour n'avoir pas trop d'alarmes
De ces ravages du temps.

› *Vous en avez qu'on adore,*
Mais ceux que vous méprisez
Pourraient bien durer encore
Quand ceux-là seront usés.

» *Ils pourront sauver la gloire*
Des yeux qui me semblent doux,
Et dans mille ans faire croire
Ce qui me plaira de vous.

» *Chez cette race nouvelle*
Où j'aurai quelque crédit,
Vous ne passerez pour belle
Qu'autant que je l'aurai dit.

» *Pensez-y, belle marquise,*
Quoiqu'un grison fasse effroi,
Il vaut bien qu'on le courtise
Quand il est fait comme moi. »

MOLIÈRE.

C'est un chef-d'œuvre pur... mais un bonbon amer.

BARON.

Il en coûte parfois de blesser un cœur fier.

ARMANDE, à Baron.

De quoi vous mêlez-vous ?

A Molière lui montrant le billet.

Se peut-il que j'endure !...

MOLIÈRE.

Certes, le vieux lion a la griffe encor dure
Et j'ai peut-être eu tort de le défendre ainsi.

BARON, à Armande.

Mais vous vous vengerez.

ARMANDE.

N'en prenez point souci.
Si je ne puis sur l'un faire passer l'orage,
Un autre peut porter les marques de ma rage.

MOLIÈRE.

Eh bien ! n'êtes-vous plus une femme d'esprit ?

ARMANDE, nerveuse.

Oui... je ris de cela.

MOLIÈRE.

C'est pire quand on rit.

Il remonte.

ARMANDE, bas à Baron.

C'est votre faute... où donc alliez-vous, je vous prie ?

BARON, bas.

Rompre à jamais avec...

ARMANDE

Cette vieille de Brie ?...

BARON.

Oui.

MOLIÈRE, revenant.

Toujours quereller.

ARMANDE, gaîment.

Je reconnais mon tort
Et me voilà soumise au plus parfait accord.

SCÈNE X

LES MÊMES, CORNEILLE, entrant avec un manuscrit.

CORNEILLE, à Molière.

O brave et cher ami, dont l'amitié parfaite...
M'a pardonné l'affront...

MOLIÈRE, vivement.

Notre scène ?

CORNEILLE, lui donnant le manuscrit.

Elle est faite.
Lisez.

Molière lit à part.

CORNEILLE, à Armande.

Ah ! permettez, madame, qu'à genoux
Je demande pardon des discours les plus fous,
Les plus impertinents qu'ait subis une femme ;
Mais l'Amour et Psyché frémissaient en mon âme
Et de leur feu si beau la céleste vigueur,
Pour enflammer mes vers, avait brûlé mon cœur.

ARMANDE, souriante.

Un hommage si doux pouvait-il me déplaire ?

CORNEILLE.

Quoi ? vous me refusez un moment de colère.
Vous dédaignez de voir quels sont mes attentats
Et m'en punissez mieux en ne punissant pas.

> Corneille plie le genou.

MOLIÈRE, qui a lu.

Ah ! c'est parfait, divin !

BARON, à part, regardant Corneille.

Oh! que de patenôtres !

MOLIÈRE, à Corneille.

Quoi, vous, vous, à ses pieds ! Elle doit être aux vôtres.

> Montrant le manuscrit.

Il n'est rien de plus pur, de plus beau, de plus doux !
Ce chef-d'œuvre se doit écouter à genoux.

BARON, bas à Armande.

Vous n'allez pas du moins faire cette folie.

ARMANDE.

Voyons.

MOLIÈRE.

Lisez !

> (Il lui donne le manuscrit.

BARON.

J'enrage !

ARMANDE, lisant.

Oh ! la scène jolie !

BARON, bas à Armande.

Mais je suis au martyre.

ARMANDE, à Baron.

Oui, monsieur... à genoux,
Lisez... et supposez que vous êtes jaloux.

BARON, aux pieds d'Armande.

* « Je le suis, ma Psyché, de toute la nature,
Les rayons du soleil vous baisent trop souvent,
Vos cheveux souffrent trop les caresses du vent,
Dès qu'il les flatte, j'en murmure,
L'air même que vous respirez
Avec trop de plaisir passe par votre bouche ;
Votre habit de trop près vous touche
Et sitôt que vous soupirez
Je ne sais quoi qui m'effarouche
Craint parmi vos soupirs des soupirs égarés...

CORNEILLE.

Il pleure, cet enfant.

ARMANDE, s'inclinant.

Pardonnez !

BARON, baisant la main de Corneille.

Noble maître !

CORNEILLE, désignant Molière.

C'est à d'autres genoux, enfants, qu'il vous faut mettre,
J'écrivais, il est vrai, mais Molière dictait.

MOLIÈRE.

Je dictais, j'en conviens, le Génie écoutait.

* Psyché, acte III, scène IV.

CORNEILLE.

Lui seul est grand, amis, son œuvre est sans pareille.

MOLIÈRE.

Il n'est qu'un homme grand ici : le grand Corneille !

ARMANDE.

Et l'admiration de l'avenir humain,
Vous joindra comme moi tous les deux par la main.

FIN

Imprimerie générale de Châtillon-sur-Seine. — A. PICHAT.